조선 남자, 아이를 키우다

조선 남자, 아이를 키우다

초판 1쇄 인쇄 2008년 4월 23일   초판 1쇄 발행 2008년 4월 28일

지은이 홍승우   펴낸이 김태영

기획 설완식

비즈니스 3파트장 박선영
기획편집 1분사_분사장 박선영   책임편집 정지연
1팀_양은하 도은주   2팀_가정실 김세희   3팀_최혜진 한수미 정지연
4팀_이효선 성화현 조지혜   디자인팀_김정숙 하은혜 차기윤
마케팅분사_송재광 박신용

상무 신화섭   감사 김영진
신규사업 노진선미 오유미 이화진 황현주   외서기획 이영지
인터넷사업 정은선 왕인정 김미애 정진   홍보 허형식 임태순
광고 정소연 이세윤 김혜선 이둘숙 허윤경
영업분사_영업 권대관 김형준   특수판촉 최진   영업관리 이재희 김은실
본사_본사장 하인숙   경영혁신 김성자   재무 김도환 고은미 봉소아 최준용
제작 이재승 송현주   HR기획 송진혁 양세진
교육파트 이채우 김현종 권성연 우규휘 이선지

펴낸곳 (주)위즈덤하우스   출판등록 2000년 5월 23일 제13-1071호
주소 서울시 마포구 도화 1동 22번지 창강빌딩 15층   전화 6399-4000   팩스 704-3891
전자우편 yedam1@wisdomhouse.co.kr   홈페이지 www.wisdomhouse.co.kr
출력 엔터   종이 화인페이퍼   인쇄·제본 (주)미광원색사   제본 세원제책

값 10,000원   ⓒ홍승우, 2008   ISBN 978-89-91731-26-4 07810

* 잘못된 책은 바꿔드립니다.
* 이 책의 전부 또는 일부 내용을 재사용하려면
  사전에 저작권자와 (주)위즈덤하우스의 동의를 받아야 합니다.
* 이 도서의 국립중앙도서관 출판시도서목록(CIP)은 e-CIP 홈페이지(http://www.nl.go.kr/cip.php)에서
  이용하실 수 있습니다.(CIP제어번호: CIP2008001287)

조선 남자, 아이를 키우다

홍승우 글·그림

• 차례 •

조선 남자가 육아 일기를 왜 썼을까? • 7
손자의 출생을 기뻐하며 • 15
손자가 태어났을 때 • 20
성주 목사가 보낸 축시 • 28
조카 이염이 보낸 축시 • 35
손자의 울음소리 • 46
얄미운 이와 벼룩 • 48
앉기 연습 • 51
이가 돋아나다 • 53
기어 다니다 • 58
윗니가 나다 • 61
이질을 앓다 • 62
이질이 오랫동안 계속되다 • 68
처음 일어서다 • 72
걸음마 • 77
책 읽는 모습을 흉내 내다 • 82
돌잡이 • 84
말을 배우다 • 90
학질을 앓다 • 91
눈이 충혈되다 • 97
더위를 먹다 • 100
손톱을 다치다 • 108
이마를 다치다 • 114
경기를 일으키는 모습이 안타까워 • 117

마마를 앓다 • 121
밥을 잘 먹지 않다 • 132
할아버지를 잘 따르다 • 136
글자를 깨우치다 • 141
젖니를 갈다 • 145
자식의 죽음을 탄식하며 • 149
종아리를 때리다 • 155
손자를 꾸짖다 • 158
불고기를 먹고 탈 나다 • 165
귀에 종기가 나다 • 167
종아리를 때리고 나서 • 176
조급히 화를 내다 • 183
술을 마시고 취하다 • 189
할아버지가 조급히 성내다 • 196
술 마시는 것을 경계하다 • 202
손자의 25년 후 • 209

● 전통 태교 • 19
● 조선 시대의 출산 풍속 • 27
● 백일과 돌 풍속 • 89
● 조선 시대 아이들을 괴롭혔던 질병 • 131
● 조선 시대 아이들의 학습 • 164
● 관례 풍속 • 211

자신뿐만 아니라 두 형과 조카들이 겪었던 당화,
그리고 유배 생활, 그 후 하나 둘 자식들을 하늘로 떠나보내야 했던
이문건의 마음이 어떠할지 일기의 내용을 보지 않더라도
그에 대한 배경만으로도 충분히 서럽고 애달프다.
짧은 시조로 쓴 육아일기라고 하기에는
감정의 묘사가 놀랄 만치 세밀하고 구체적이며
손자 이숙길의 탄생, 성장, 질병, 교육관 등
그의 육아 기록을 읽다 보면 손자에 대한 사랑을 넘어
집착에 가깝다는 느낌마저 든다.
무너져버린 가문, 하나 둘 병들어 죽어 나가는 자식들.
삶의 허망함이 노인의 길을 암흑으로 메우고 있을 때
손자가 태어난 것이다.
이문건의 일기에는 지푸라기라도 잡고 싶은 심정이 가득 들어 있다.
아이의 성장을 기록한다는 건 희망과 기쁨이기도 하지만
때론 절박함이기도 하다.

이문건의 『양아록』은 이상주 선생님이 주해하신 책으로 만났다.
내 책에 참고로 읽으면 좋을 조선 시대의 육아 풍속도 써주셨다.
감사의 마음을 전한다.

홍승우
2008. 4.

이문건의 『양아록』

현전하는 유일한 조선 사대부의 단행본 육아일기 『양아록(養兒錄)』은 자녀 양육이 기본적으로 중요한 일이라 여겼지만 기록으로 남겨야 할 필요성을 인식하지 못했던 조선 시대에, 이문건이 성주에서 유배 생활을 하면서 의도적으로 남긴 육아 기록이다. 반편이 외아들에게서, 그것도 유배지에서 가통을 이을 손자를 본 이문건은 직접 일기성 시편(詩篇)으로 손자를 보살피고 훈육하는 과정을 사실적으로 남기기 시작했다. 이것은 손자로 하여금 사대부의 가통을 계승시키려는 할아버지의 의지를, 손자가 성장한 후에도 잊지 않고 실천하게 하기 위한 간절한 소망의 결실이었던 것이다.

조선 남자가 육아 일기를 왜 썼을까?

내가 더 이상
잃을 것이 무엇이더냐.
유배생활에 앞 일이
깜깜하기만 한데
절박한 늙은이 불쌍해 보였는지
하늘과 삼신 할머니가 내게
삶의 이유를 보내 주셨구나.

이것아.
너는 이 늙은이의
희망이야.

손자의 출생을 기뻐하며

전통 태교

🌼 태교란?

태교는 부부의 모든 언행이 태아에게 영향을 준다고 믿어, 태아가 올바로 성장할 수 있도록 부부가 임신 기간 중에 시도하는 교육을 말한다. 『태교신기(胎敎新記)』에는 중국 『열녀전(列女傳)』의 내용을 인용해서 태교의 중요성을 총체적으로 제시했다. 『열녀전』은 중국의 유향(劉向)이 지은 것으로 훌륭한 여성들의 전기 모음집이다.

『열녀전』에 말씀하셨다. "옛날에 부인이 아이를 잉태하면, 잠을 잘 때 기울어지게 하지 않고, 앉을 때 한쪽으로 치우치게 하지 않으며, 서 있을 때 한쪽 발에만 의지하지 않고, 나쁜 맛이 나는 것을 먹지 말며, 음식을 썬 것이 바르지 않으면 먹지 않으며, 눈으로 보는 데 나쁜 색깔을 보지 말고, 귀로 듣는 데 음란한 소리를 듣지 않으며, 밤에는 소경으로 하여금 시를 낭송하게 하며, 올바른 일에 대해 말해 주었다. 이와 같이 하며 아이를 낳으면 몸과 얼굴이 단정하며 재주가 남보다 뛰어나게 된다."

🌼 어머니의 태교

전통 사회에서 모성 태교에 사용했던 고귀한 물품 부인들은 고귀한 기품을 지닌 물품을 가까이 두고 쳐다보거나 어루만지면 그 물건의 기품이 태중의 아이에게 그대로 영향을 미친다고 생각했다. 이런 물품으로는 귀인의 초상화, 하얀색 옥, 공작, 신선의 그림, 관대(冠帶), 흉배(胸背), 봉황, 주옥 등이 있다.

먹지 말아야 할 음식물 토끼 고기를 먹으면 아기 눈이 토끼 눈처럼 붉어지며, 오리 고기를 먹으면 아기 손이 오리발처럼 되고, 상어 고기를 먹으면 아기 피부가 거칠어진다고 여겨서 절대로 먹지 않았다. 또 꿩 고기는 목숨을 단축하며, 달걀은 종기의 원인이 되고, 돼지고기는 부스럼을 자주 일으키며, 쇠뼈는 광대뼈를 튀어나오게 한다고 믿었다.

먹으면 좋은 음식물 황소 콩팥과 보리밥은 아이의 힘을 세게 하고 슬기롭게 하며, 잉어를 먹으면 아기가 단정한 모습으로 태어나고, 가물치는 아이를 총명하게 해준다고 여겼다.

몸가짐과 관련된 교훈들 시루나 독을 들지 말며, 빗자루를 깔고 앉지 말고, 맏고삐·체·부삽·도마 따위를 넘지 말아야 한다. 그 외에도 산달에 굴뚝이나 아궁이를 고치면 아기가 언청이로 태어나고, 문구멍을 바르면 난산을 하며, 빨래를 삶으면 피부가 나빠진다고 여겼다.

🌼 아버지의 태교

임신 중 부부 관계를 금지한다. 적선을 하고 적덕을 한다. 장차 태어날 아이의 성품은 물론, 한 가정의 길흉화복조차도 아버지의 마음가짐에 좌우된다고 하였다. 부인이 임신하면 남편은 살생을 금할 뿐 아니라 산이나 들의 나무줄기조차 꺾지 않았으며, 땔감을 마련할 때도 낫이나 도끼를 대지 않았다. 그리고 어려운 사람을 열심히 도왔다.

손자가 태어났을 때

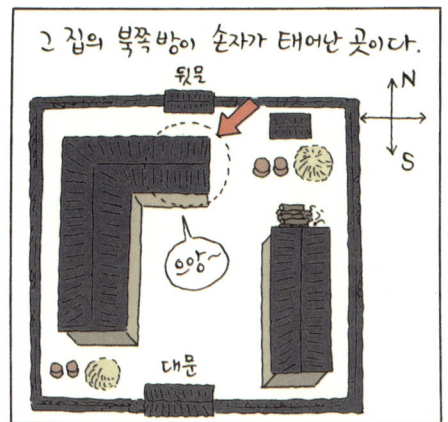

조선 시대의 출산 풍속

◎ 출산 준비

아이를 낳을 방문에 창호지를 새로 바르고 배내옷, 포대기, 기저귀, 솜 등을 마련한다. 배내옷은 바늘로 꿰매며 단추를 달지 않고, 긴 끈을 붙여 가슴에 한 바퀴 돌려 맨다. 단추 대신 긴 끈을 쓰는 것은 아기의 수명이 길어지길 바라기 때문이다. 농촌의 남편은 아내의 산달이 가까워오면 삼으로 왼새끼를 꼬아둔다. 이것을 밧줄처럼 산실에 매어놓아 임신부가 아이를 낳을 때 이것을 잡고 힘을 쓴다.

◎ 탯줄 자르기

탯줄을 자를 때는 탯줄을 잡고 아기 쪽으로 훑은 다음 배꼽에서 한 뼘쯤 되는 부분을 자르고 그 끝 부분을 실로 잡아매어 깨끗한 솜에 싸서 아기 배 위에 올려놓는다. 태는 흔히 가위로 자르지만 여아가 태어났을 때는 동생이 남아이길 바라는 뜻으로 소독한 낫이나 식칼을 쓴다. 태는 짚이나 종이에 싸서 삼신상 아래에 두지만, 이를 귀하게 여기는 집에서는 일진에 맞추어 좋은 방위(方位)에 놓아둔다. 태는 보통 사흘이 지나기 전이나 사흘째 되는 날 태우거나 항아리에 담아 명당자리에 묻는다.

◎ 금줄 치기

아기가 태어나면 부정한 사람의 출입을 막기 위해 1주일 또는 3주일 동안 대문에 금줄을 친다. 남아일 때는 금줄에 붉은 고추와 숯덩이를 끼워두며 여아일 때는 미역, 솔잎, 종이 따위를 달아둔다. 금줄은 반드시 왼새끼로 꼬며 양 끝을 자르지 않는다. 왼새끼는 잡귀를 쫓기 위해서이며, 양 끝을 그대로 두는 것은 아기와 산모의 수명이 끝없이 길기를 바라서다. 또 붉은 고추는 남성의 성기를 상징하며, 붉은 기운도 잡귀를 물리친다고 여겼다. 한편 숯에는 독을 제거한다는 뜻이 담겨 있고 여성을 나타내는 빛인 솔잎의 녹색에는 여아가 성장하여 바느질을 잘하라는 기대가 들어 있다.

◎ 젖 먹이기와 아이의 장수를 위한 조치

갓 태어난 아기는 따뜻한 물에 적신 풀솜으로 닦아준다. 삼신상에 놓았던 쌀과 미역으로 밥과 국을 끓여 다시 상에 올려놓고 장수와 다복을 빈 다음 산모가 먹는다. 이것이 '첫국밥'인데 고기를 넣지 않으며 소금으로 간을 맞춘다. 산모는 찬바람을 쐬지 않으며 음식도 조심한다. 무김치는 이를 손상시킨다고 하며, 냉수는 부종을 일으킬 수 있고, 생선은 몸의 회복을 늦추며, 닭고기는 젖이 나는 데 해롭다. 사흘째 되는 날 산모는 쑥을 달인 물로 몸을 씻으며, 아기도 첫 목욕을 시킨다. 아이의 무병과 장수를 위해 절에 이름을 걸기도 하고 큰 바위에 이름을 새기거나 무당을 어머니로 섬기게 하는 풍속도 있었다. 무당에게는 아이의 사주와 이름, 주소, 무병장수를 기원하는 글을 적은 명주 또는 무명천과 실타래를 바친다. 아이의 장수를 기원하여 아명(兒名)을 따로 지어 부른다. 또한 개똥이, 쇠똥이, 말똥이 등 천한 이름을 지어 부르거나 못생긴 놈, 미운 놈 등 천박하고 저속한 용어를 사용했다. 이렇게 하면 잡귀가 달라붙지 않아 수명이 길어진다고 생각했기 때문이다.

성주 목사가 보낸 축시

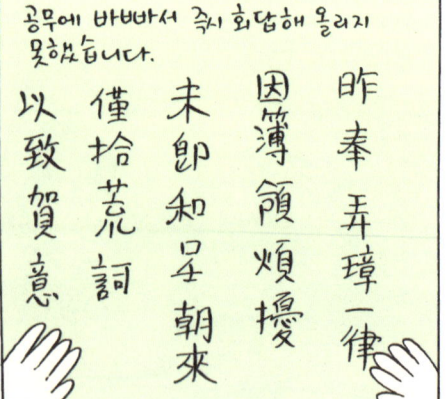

조카 이염이 보낸 축시

손자의 울음소리

얄미운 이와 벼룩

앉기 연습

이가 돋아나다

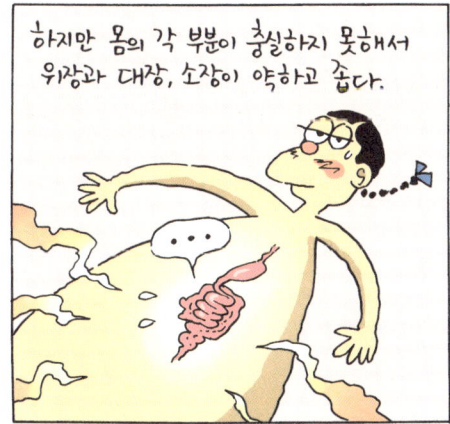

기어 다니다

윗니가 나다

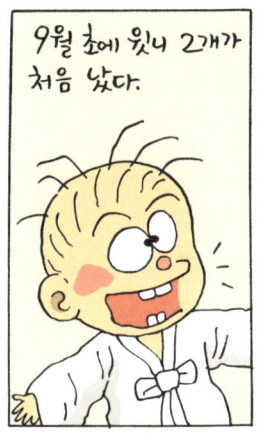

☕ 이질을 앓다

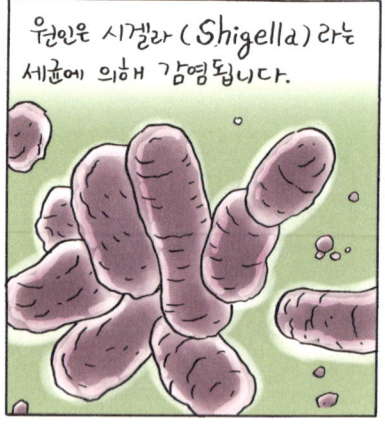

🥣 이질이 오랫동안 계속되다

처음 일어서다

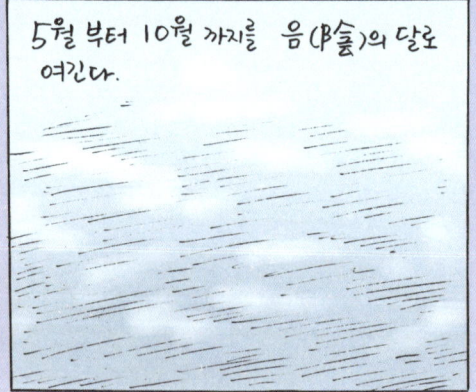

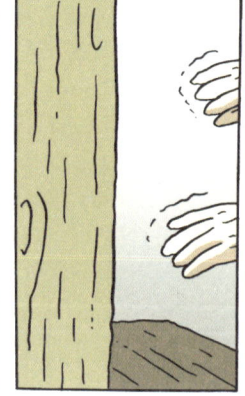

걸음마

📖 책 읽는 모습을 흉내 내다

◎ 돌잡이

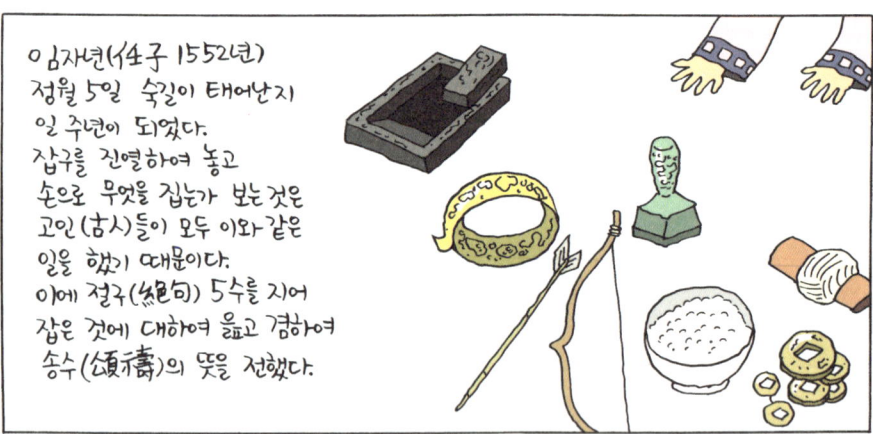

○임자년(壬子 1552년)
정월 5일 숙길이 태어난지
일 주년이 되었다.
잡구를 진열하여 놓고
손으로 무엇을 집는가 보는 것은
고인(古人)들이 모두 이와 같은
일을 했기 때문이다.
이에 절구(絶句) 5수를 지어
잡은 것에 대하여 읊고 겸하여
송수(頌禱)의 뜻을 전했다.

백일과 돌 풍속

🌸 백일의 뜻

백일은 아기가 태어나서 100일 되는 날이며 이를 경축하기 위해 차리는 음식상이 백일상이다. '백'이라는 숫자는 모든 사물이 완성됐다는 의미를 담고 있어 신생아가 백일을 고비로 완성 단계를 잘 넘긴 것을 경축하는 것이다.

백일상에는 반드시 백설기를 쪄서 큰 덩어리로 잘라내어 쟁반에 올려놓으며 제철에 나는 과일을 소담스럽게 담는다. 먼저 쌀밥 세 사발, 쇠고기 미역국 세 탕기, 정화수 세 대접을 한 상에 나란히 차려서 안방 아랫목에 놓아둔다. 이는 삼신(三神) 또는 산신(産神)에게 감사하는 뜻이다. 손님상에도 쌀밥과 미역국, 김구이, 쇠고기 구이, 삼색 나물 등을 갖추어놓는다. 삼색 나물은 흰 나물, 푸른 나물, 누런 나물을 말한다. 또 부침개를 차려서 대접한다.

🌸 돌의 뜻

돌은 아기가 태어난 지 만 일 년째 되는 날을 일컫는 말이다. 돌날 아침에 삼신상을 차려 아이의 장수, 다복을 빌고 가족이나 친척, 이웃이 모여 미역국과 쌀밥으로 아침밥을 먹은 후 돌잔치를 시작한다. 돌맞이하는 아이는 돌옷을 예쁘게 차려입고 준비된 돌상 앞에 앉는다.

사내아이에게는 저고리와 바지에 조끼, 마고자, 두루마기를 갖추어주고 그 위에 남색 쾌자를 입힌다. 그리고 머리에는 복건을 씌우고 발에는 수놓은 타래버선을 신기며 가슴에는 돌띠를 둘러주고 허리에는 돌주머니를 채운다. 여자아이에게는 색동저고리와 긴 다홍치마를 입히는데, 당의를 덧입히기도 한다. 머리에는 조바위나 굴레를 씌우고 발에는 타래버선을 신긴다. 가슴에는 역시 돌띠를 매주고 치맛말기에 돌주머니를 채운다.

돌상은 안방이나 대청에 펼친다. 다양한 떡과 과일을 풍성하게 올리고 그 밖에 강정, 약과, 약밥, 고기, 생선, 전 등도 많이 차려놓는다. 특히 돌 음식으로는 국수, 백설기, 수수팥떡 등 장수와 무병, 부정을 막는 의미를 담은 음식을 차린다. 돌맞이할 아이는 돌상 앞에 앉히고 등 뒤쪽에 병풍을 친다.

🌸 돌잡이

돌상 위에 여러 가지 물건을 가져다 놓은 뒤 아이가 집어 드는 것을 보고 그 아이의 성격, 재능, 수명, 재복, 장래성을 점치는 풍속이다. 남자아이의 경우에는 책, 붓, 먹, 종이 두루마리, 쌀, 돈, 활, 장도, 흰 실타래, 대추, 국수, 떡 등을 놓는다. 여자아이의 경우에는 책, 붓, 먹, 종이 두루마리, 쌀, 돈, 바늘, 인두, 가위, 잣대, 흰 실타래, 대추, 국수, 떡 등을 놓는다. 이문건의『양아록』에는 옥으로 장식한 고리와 인장도 놓았다. 책, 먹, 붓, 종이 두루마리를 집으면 학자가 되거나 벼슬을 할 것이라 보고 쌀, 돈을 집으면 부자가 될 것이라 본다. 활이나 장도를 집으면 무관이 될 것이라 보고, 실과 국수를 집으면 장수하리라 본다. 대추를 집으면 자손이 많으리라 보고, 떡을 집으면 미련하리라 보고 바늘, 가위, 자, 인두를 집으면 바느질을 잘할 것이라 본다.

📖 말을 배우다

커가는 손자 지켜보는 일 즐거워
나 자신 늙는 줄도 모르겠네.

사람의 말 분명하게 흉내 내는 것이
나날이 전보다 나아지는구나.

여색, 음주, 마당놀이가
이런 기쁨보다 어찌 더 하단 말인가.

계축년(癸丑 1553년)
정월 초 2일 씀.

학질을 앓다

☾ 눈이 충혈되다

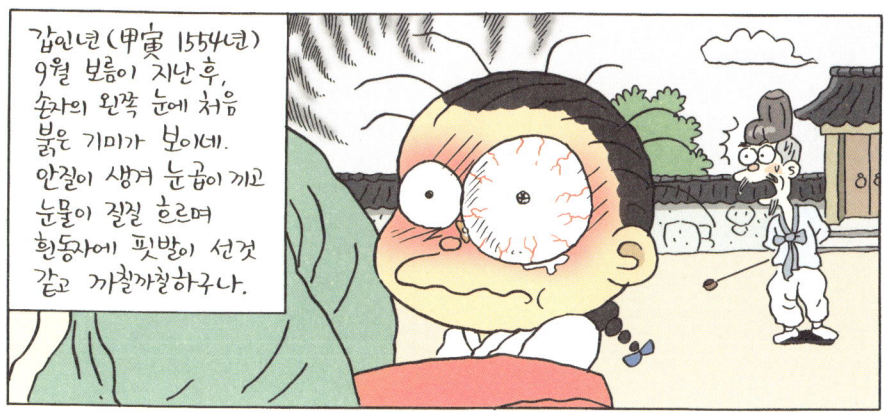

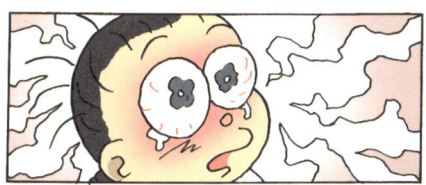

더위를 먹다

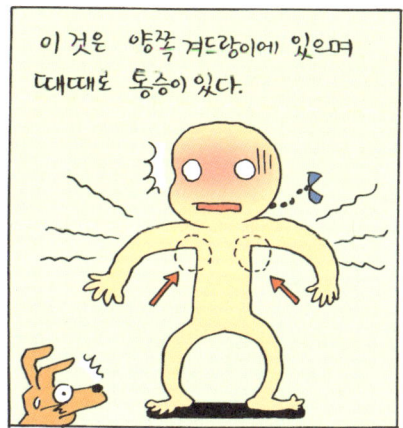

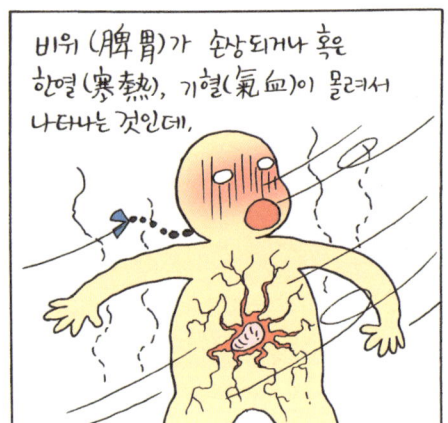

손톱을 다치다

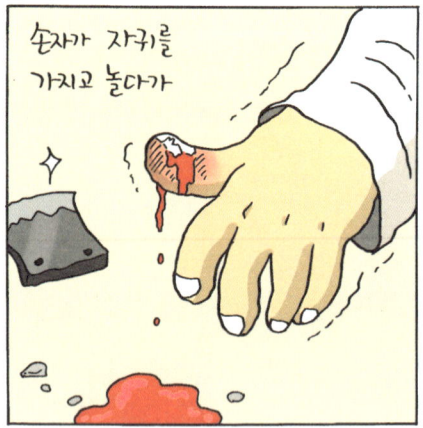

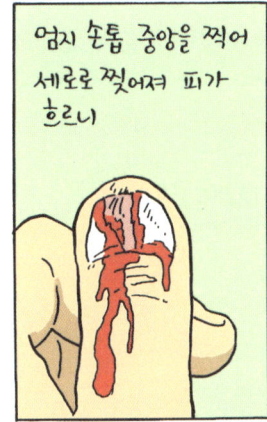

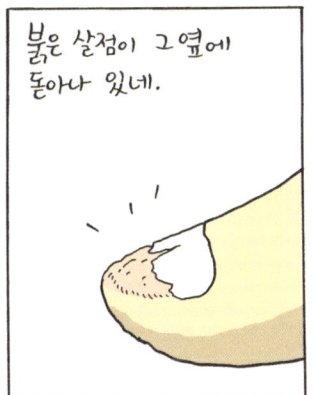

이마를 다치다

경기를 일으키는 모습이 안타까워

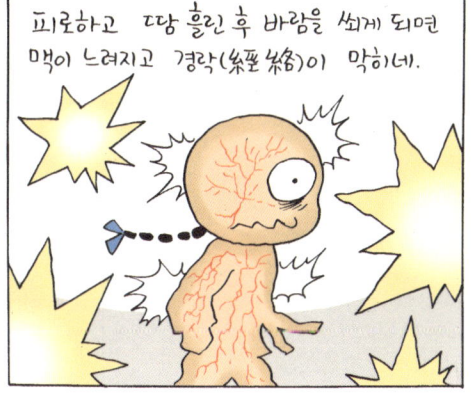

마마를 앓다

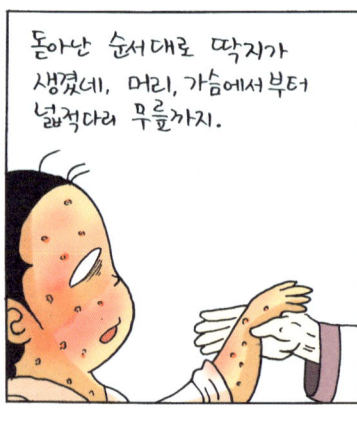

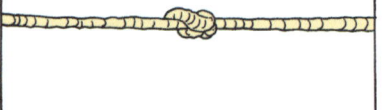

조선 시대 아이들을 괴롭혔던 질병

과거에 어린이들이 앓았던 질병들은 천연두(天然痘), 학질(瘧疾), 이질(痢疾), 홍역(紅疫), 경기(驚氣), 안구 충혈(眼球充血), 귀앓이, 더위 먹음, 볼거리다. 그중 천연두와 학질은 현재 거의 발병하지 않고 있다. 벼룩도 아이들을 괴롭게 하는 존재였다.

● **천연두** : 천연균에 의해 발병된다. 고열이 나며 얼굴 표면에 붉은 몽우리가 다닥다닥 돋아난다. 상처가 나아도 정도의 차이는 있으나 얼굴에 흉이 울묵줄묵 험하게 남는다. 특별한 치료법이 없다.

● **학질** : 흔히 '도둑놈병'이라고 한다. 하루는 추웠다가 하루는 고열이 나는 증세가 반복된다. 자연 치유되길 바랐다. 서양 의약품으로 '키니네'가 들어오면서 치료가 쉬워졌다.

● **이질** : 세균성 설사다. 심하면 피똥을 누게 되며 탈수 현상으로 몹시 지친다. 대변의 횟수가 많아지고, 급히 배변하고자 하지만 순조롭게 배설되지 않아서, 항문이 묵직하여 어떤 물건이 막혀 있는 듯한 느낌을 주는 증세가 나타난다.

● **홍역** : 처음에는 열이 나다가 붉은 쌀알 같은 반점이 조금씩 나타나며 가려운 증상도 수반된다. 찬물에 적신 수건으로 열을 식혀준다.

● **경기** : 어두운 곳에서는 가위눌린 듯 헛손질하기도 한다. 몸 전체를 움츠리며 깜짝 놀라는 증상을 나타낸다. 한방으로 침을 놓거나 청심환을 먹인다.

● **안구 충혈** : 안질이 생겨 눈곱이 끼고 눈물이 질질 흐르며 흰자위에 핏발이 선 것 같고 까칠까칠하다. 소금물로 눈을 자주 씻어주면 효과가 있다고 한다.

● **귀앓이** : 귀 뒤에 생긴 종기다. 귀뿌리까지 번지며 벌겋게 붓고 고름이 생긴다. 붉은 해바라기 뿌리를 찧어 침구멍 위에 붙이면 고름이 흘러내렸다. 후에는 고약이 사용됐다.

● **볼거리** : 고열이 나고 '이하선'이 부어오르는 병이다. 서양 의학 용어로 '이하선염'이라 한다. 겨울에서 이른 봄 사이에 많이 발생한다. 처음에 열이 나고 두통이 생기면서 한쪽 또는 양쪽의 '이하선' 자리가 부어오른다. 특효약이 없으나 안정을 취하고 냉찜질을 하면 일주일쯤 지나서 낫는다. 한 번 앓고 나면 평생 면역이 생긴다.

● **더위 먹음** : 더위로 인해 위장의 균형이 깨져서 나타나는 위장 장애 증세다. 음식을 먹은 것이 체하며 속이 더부룩하고 배가 아프다. 익모초 생즙이나 익모초를 삶은 물을 마신다. 설탕 등 단것을 먹지 않는다.

밥을 잘 먹지 않다

💗 할아버지를 잘 따르다

글자를 깨우치다

젖니를 갈다

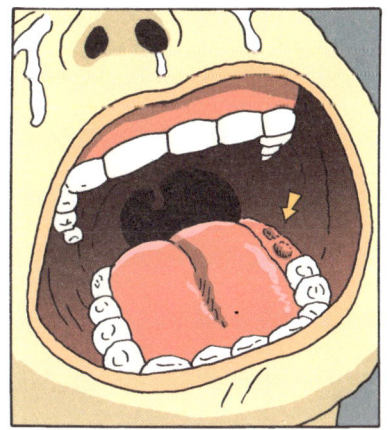

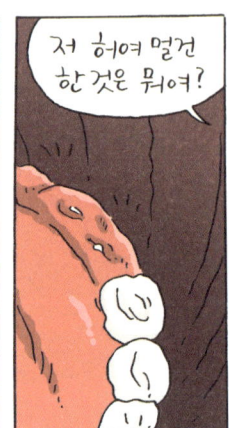

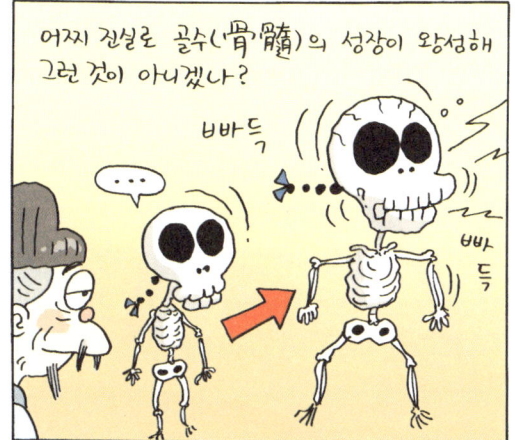

정사년(丁巳 1557년) 6월. 다시 위 오른쪽 이가 빠졌다.

8월에 다시 또 위 왼쪽 이가 빠지더니

아래 옆의 오른쪽이가 한개 또 빠졌다.

이젠 이틀 갈지 않네 그랴.

색
색
색

📜 자식의 죽음을 탄식하며

종아리를 때리다

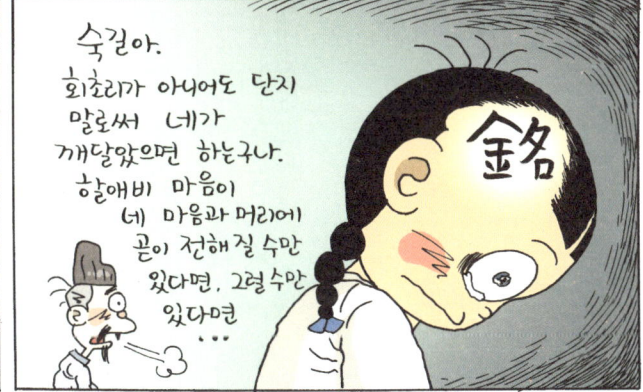

손자를 꾸짖다

조선 시대 아이들의 학습

조선 시대 아이들의 학습 방법

조선 시대 성균관, 향교, 서원, 서당 등 모든 교육기관에서 널리 통용되던 학습 방법은 강(講)이다. 강이란 글을 배우면 소리 내어 읽고 문장의 자세한 뜻과 이치를 묻고 대답하는 학습 방법이다.

학습 시기에 따라 매일 강하는 일강(日講), 열흘마다 강하는 순강(旬講), 보름마다 강하는 망강(望講), 한 달마다 강하는 월강(月講) 등으로 나누어진다. 강은 암송을 하고 문리(文理)를 깨우치는 것이 중요하다. 강에는 배강(背講)과 면강(面講)이 있는데, 배강은 외워서 읽는 암송 낭독이며, 면강은 책을 보고 읽는 임문 낭독(臨文朗讀)이다. 따라서 암송하고 난 뒤에 행해지는 문답법을 적용한다. 이는 단순한 암기 위주의 공부를 시키는 것이 아니라 올바른 내용을 일깨워주는 일대일 대면 학습이므로 수준별 수업과 효율적인 인성 교육이 가능하다.

우리 선조들은 그 시간에 배운 것은 그때 완전히 알고 익혀야 다음 단계의 학습 과정을 밟아나가게 하는 방식을 선택했다. 오늘날 교육 이론으로 완전 학습 이론을 적용한 것이다.

기초적인 아동 학습 교재

조선 시대 아동들의 기초 학습 교재는 대개 다음과 같은 책들이 주류를 이루었다. 『천자문(千字文)』, 『소학(小學)』, 『명심보감(明心寶鑑)』, 『입학도설(入學圖說)』, 『동몽선습(童蒙先習)』, 『동몽수지(童蒙須知)』, 『계몽편(啓蒙篇)』, 『추구(推句)』, 『사자소학(四字小學)』, 『백련초해(百聯抄解)』 등이다.

1단계 문자 학습을 위한 교재다. 먼저 『천자문』을 통해 아동에게 글자 공부를 시켰다. 이 책은 중국 양(梁)나라의 주흥사(周興嗣)가 무제(武帝)의 명으로 지은 1구 4자로 250구, 모두 1000자로 된 고시(古詩)다.

2단계 내용을 이해하는 훈석(訓釋)에 필요한 교재다. 대체로 아동이 한자의 뜻을 이해하고 난 뒤, 본격적으로 경서(經書)를 공부하기 이전에 기초 학습하는 과정이다. 대개 『십팔사략(十八史略)』과 『통감절요(通鑑節要)』를 읽었다.

3단계 과거(科擧) 시험공부에 필요한 교재다. 기본적으로 다음과 같은 책을 읽었다. 『소학』, 『대학(大學)』, 『중용(中庸)』, 『논어(論語)』, 『맹자(孟子)』, 『시전(詩傳)』, 『서전(書傳)』, 『역경(易經)』, 『예기(禮記)』, 『근사록(近思錄)』, 『가례(嘉禮)』, 『심경(心經)』, 『고문진보(古文眞寶)』, 『강목(綱目)』, 『자치통감(資治通鑑)』, 『초사(楚辭)』, 『당음(唐音)』, 『두율(杜律)』, 『성리대전(性理大全)』, 『이정전서(二程全書)』, 『주자대전(朱子大全)』, 『동국제사(東國諸史)』, 『역대정사(歷代正史)』 등이다.

🍲 불고기를 먹고 탈나다

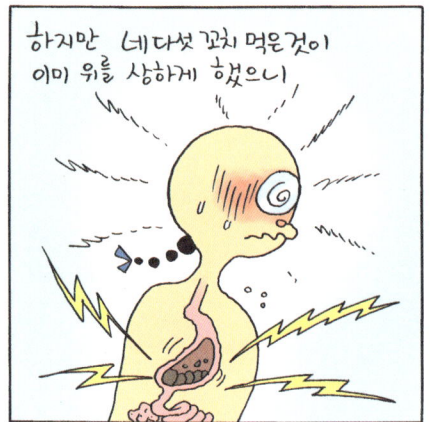

귀에 종기가 나다

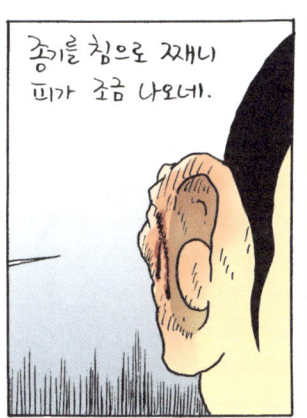

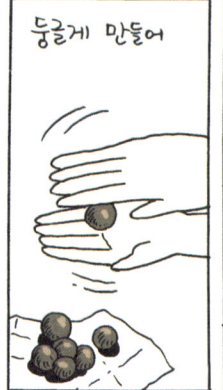

종아리를 때리고 나서

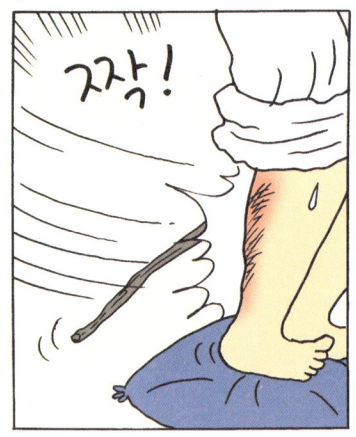

조급히 화를 내다

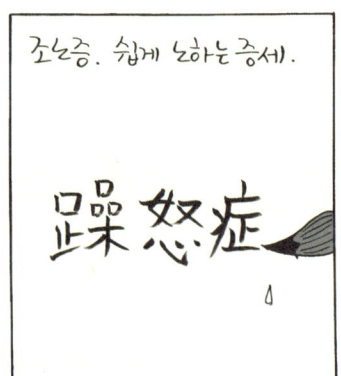

술을 마시고 취하다

할아버지가 조급히 성내다

내가 진심으로 하나뿐인 손자에게 바라는 건
시종일관(始終一貫) 학문을 완성하여 가문을 일으켜 세우는 것.

글을 읽을 때 의미를 잘못 알까 걱정하여
뜻풀이에 먼저 꼭 반복하여 설명해 주네.

어찌 손자는 간혹 황당한 말로 대드는가?
누가 장차 날마다 가르쳐 줄 수 있겠는가?

손자가 전의 잘못을 뉘우쳐 개선 한다면
인륜에 흠집 없이 내 은혜를 갚게 되리라.

술 마시는 것을 경계하다

갑자년(甲子 1564년) 정월 초 2일 쓰다.

〈술 마시는 것을 경계한 글〉

15세가 안 되면 혈기가 안정이 안 되어 장부가 약하다. 예컨대 풀이 처음 싹 트고 꽃이 처음 몽우리가 서는데, 불행히 서리와 우박의 재해를 당하면, 그 손상이 중하여 시들고 말라 죽는 것과 같은데 어찌 재앙 없는 것과 더불어 함께 무성하여 아울러 꽃 피우고 열매를 맺겠는가?

술의 해독은 잃는것이 크고 유익한 점이 적으며 손해가 많고 이득이 적다. 비록 건강한 사람이라도 날마다 술에 취하면 날로 쇠약해지고 달이 가면 사그러들어 마침내는 몸이 몹시 나약해져 구제할 수 없다. 하물며 나약한 몸으로 해가 되는것을 점점 많이 하게 되면 혈색이 쉽게 파리해 지고 기가 쉬 손상되어 돌이킬 수 없는 재앙을 당한다.

설령 자손 중에 술을 좋아하는 자가 있어, 그 해를 알지 못해 술을 마시며 그치지 못한다면, 눈은 빨개지고 정신은 어지러워지며 구토하고 먹지 못하여 안으로 타 버리고 밖으로 말라서 장차 재앙을 만난 사물과 같이 될 것이니, 즉 그 아비와 할애비 된 자는 불쌍해 하고 애석해 하는 정이 어떻겠는가? 손상 된 것을 약으로 구제하려고 생각하지만 불가능 하다.

손자가 취한 것을 보면 손상 될까 걱정 되고

그 토하는 소리를 들으면 훼손 될까 고민되어 슬프고 슬퍼서 기쁨이 없으며,

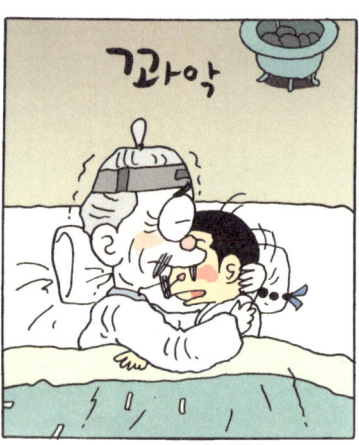

묵재 이문건.
그는 이 곳 성주 옥산리에서
23년간 유배생활을 하다가
74세인 1567년 2월 16일
삶을 마감 했다.
숙길의 나이 16세 때다.
묵재는 양아록을 포함해서
총 9권의 생활일기를 남겼다.

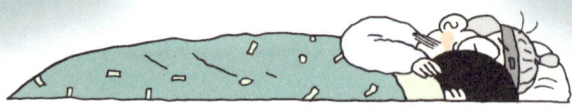

25년 후

선조대대로 우리들은 흉족들을 물리쳐 왔습니다. 그럼에도 불구하고 우매한 왜적들이 우리 땅을 침범하였으니, 이제 다시 의병을 모으고 마음과 뜻과 힘을 합칠 때가 되었습니다.

피로써 맹세하여
비열한 왜적들을 물리침에
온 힘을 다하여
토벌토록 합시다!
우리들의 충성심을 다해
선조 대대로 물려온 이 산천을
다시 맑게 하고 사직을 반석 위에
다시 세워서 우리의 공명을
청사에 남기도록 합시다!
저희와 함께 왜적을 토벌할
사람은 이 날짜 이 곳에 모여 주시기 바랍니다.

숙길은 이후 임진왜란 당시 윤우(尹佑) 조복(趙服) 등과 의병을 일으키고 격문을 써서 사람들의 의분을 고취하기도 했다. 그로 인해 농공행상 하려 했으나 사양해서 사람들에게 칭송을 받았다.

관례 풍속

◉ 관례의 뜻
관례(冠禮)는 전통 사회에서 남자들에게 행했던 성인 의식으로 오늘날의 '성년식'에 해당한다.

◉ 관례의 연령과 시기
관례는 15~20세 사이에 행했다. 이는 15세 이상이 되어야 제대로 예(禮)를 알 수 있다고 판단했기 때문이다. 관례를 행하는 날은 좋은 날짜를 가려서 행하되, 여의치 않으면 정월에서 날을 정한다. 이때도 못하면 4월이나 7월 초하루에 한다.

◉ 관례 절차
준비 관례를 행하기 사흘 전에 주인은 조상을 모신 사당에 고하고 빈객을 청한다. 빈객은 종손의 친구 중에 어질고 예법을 잘 아는 사람을 고른다. 그리고 관례일 하루 전에 대청의 동북쪽에 휘장을 두르고 관례를 행할 장소를 마련한다. 관례일이 되면 아침 일찍 관복(冠服)을 꺼내어 준비를 한다. 그런 뒤 빈객을 기다린다. 빈객이 도와주는 사람(찬자贊者)과 함께 도착하면 주인은 그를 맞이하여 방으로 안내한다. 이어서 찬자가 관례자에게 띠를 둘러주면 관례자는 방으로 들어가 사규삼(四揆衫)을 벗고 심의(深衣)를 입으며, 큰 띠를 두른 다음 그 위에 실로 만든 흰 띠인 수(修)를 더하고 검은색 신을 신고 방에서 나와 남쪽을 보고 앉는다.

재가례(再加禮) 관례자가 정해진 장소에 앉아 있으면 빈객이 관례자 앞에 나아가서 축사를 한다. 찬자는 건을 벗기고 빈객이 초립(草笠)을 씌운다. 이어서 관례자는 방으로 들어가 심의를 벗고 조삼(皂衫)과 혁대를 두르고 가죽신을 신고 나온다.

초례(醮禮) 술을 마시는 의례다. 관례자가 정해진 자리에 남향을 하고 앉아 있으면, 빈객이 관례자 앞에 나아가 축사를 한다. 관례자가 두 번 절하고 술잔을 받으면 빈객이 답례를 한다. 관례자가 상 앞으로 나아가 잔을 상 위에 놓았다가 이것을 다시 들고 물러나 맛을 본 다음, 찬자에게 주고 빈객에게 두 번 절하면 빈객이 답례한다.

자관자례(字冠者禮) 관례자에게 '자(字)'를 지어주는 의례다. '자'는 이름을 부르는 것을 꺼려 인격 존중 의식의 표시로 이름 대신 별칭을 지어 부르는 용어다. 빈객과 관례자가 마당으로 내려가서 빈객이 관례자에게 '자'를 지어주고, 이어서 '자'를 부를 때 축사를 한다. 관례자가 간단한 답사를 하고 절을 하면, 빈객은 절을 받되 답례는 하지 않는다. 주인이 관례자를 데리고 사당에 가서 조상에게 고사(告辭)를 읽으면 관례자는 두 번 절한다. 그런 다음 친척들과 빈객에게 두 번 절한 뒤, 스승과 아버지의 친구 분들을 찾아다니며 절을 올린다.